Una lírica vivaz

Juan-José Reyes Ríos

Dedico esta obra a mi esposa

-SINOPSIS-

'**Una lírica vivaz**' es una aproximación a la poesía pura, pero sin abandonar la plenitud existencial, con sus momentos de emoción y quizá de éxtasis. Es, sin duda, una pieza remate del autor (recién cumplidos sus setenta años) y siempre admirado de las obras cimeras de la poesía. El despliegue del intelecto, la reflexión y la introspección humanas fueron su línea jamás abandonada en su vario quehacer literario.

-ÍNDICE-

-PRÓLOGO-

Una lírica vivaz es una reflexión sobre el mundo, sobre el humano existir, con sus sufrimientos y sus gozos, suscitando emociones en su visión de la naturaleza, intentando desentrañar lo oscuro, lo remoto, lo ignoto, y manteniendo un anheloso interés de hondura, de conocimiento en la belleza asentada en el admirable instante, de imágenes luminosas, de musical lengua fusionada con el discurrir del viento.

-1-

-Acerca del volcán-

Ígnea proyección

desde las honduras terrenas,

violento resplandor

de cenizas ensalzadas.

¡Oh, llamas de oscura presencia,

humos desaforados

y lavas acunando silenciosa gloria

como sueño victorioso

sin cruz en la memoria!

Eres una escritura en profundidad

sin influencias definidas,

sin ecos de lengua almibarada.

Tu juicio es secreto,

tu memoria un compás

de música fugitiva,

de ignota verdad confinada.

Tus chorros de luz

son cual soplo de aire en mi jaula,

rebeldía contra una escenografía

que repele una degeneración

que se expande a sus anchas.

La psique de tu espíritu

armoniza con el temblor

de mi sufriente alma;

la mía, a menudo,

sin loable esperanza.

Tu misterioso ritmo

se origina en tus entrañas,

en ese núcleo de brillo

y lenguaje sin palabras.

Volcánico acontecer

que se alza hasta el cielo

en el que susurra

su irrupción sin freno,

es tu elocuente proyección,

la flor de tu ascenso

que como lengua

al final se derrama.

-2-

-Acerca del huracán-

Tu poderosa fuerza,

tu girar en granees círculos

devasta mi labor,

me inclina a un doloroso más acá,

a un sino despavorido,

a un orden de lúgubre estampa.

¡Ay, naturaleza endemoniada,

que acometes las entrañas

de nuestra realidad,

sembrando dolor e insania!

Siento el odio de tu expansión,

la muerte que tu difusión reclama,

y mi voz se levanta,

azotando los nervios de tu cristal.

Huracanado es tu vendaval,

ese que enciende de dolor el horizonte,

con su negra ola de destrucción.

Pero yo condeno tu dantesco triunfo,

ese impulso de colosal eliminación,

tu vista de imposible sonrisa,

y tu rabioso efecto descorazonador.

Vale más mi verbo

que el ardor de tu infierno,

más la esencia de un instante

de mi efímera vida,

que la fuerza de tu progresión sin luz.

-Acerca de la noche-

¡Oh, profunda noche

que te expandes hacia el infinito

y acaricias la eternidad

con suma templanza!

Océano de pacífica textura,

de silencio, de paz,

de ámbito entrañable.

¿Cómo componer un himno

a tu eterno reposo,

a la silenciosa música

de tu vínculo amoroso?

Mi voz respira en tu luz dormida,

en el acento de tu inocencia,

y en tu silencio nocturno.

Algo misterioso hay

en tus alas que trasnochan,

en el sueño de tu dormida luz,

en la infinitud de tus incontables ojos.

¡Oh, noche abierta a la luz,

que cantas con transparencia

el anheloso silencio!

Eres la amada, en mi sueño,

verdadera flor en mis tinieblas,

la imagen solitaria y espiritual

que tiembla en mis sombras.

Eternidad musical

de oscura tentación,

entraña de sibilina luz

por conquistar.

Noche viva que excita

una entera creación

en mi alelado corazón.

Gran simbolismo de sensaciones

se acerca a la inmensa orilla

de mi noche cultural,

y se ensancha mi horizonte

de sublimes perspectivas,

de líricos silencios,

con la presencia de ninfas

en íntima noche familiar.

¡Oh, esas noches de aliento racional,

que anulan el vago polvo estéril,

que son sublime vínculo

entre el Cielo y la Tierra!

Mi pensamiento,

cargado de futuro expansivo,

se difunde al ritmo

de las grandes verdades,

con mágico y nocturnal instinto,

con un sentido que jamás zozobra.

La humana existencia…

¿qué sería sin el lúcido esfuerzo de la noche?

La noche concede más realidad

a la expresión del verso,

y el poema se transforma

en un árbol gigantesco de donosura,

en mística dulzura

de lúcidos y armoniosos acentos.

Todo se intensifica

bajo la soberanía de la noche,

con su invisible aventura de dulces presagios.

Quisiera ser pájaro en la noche,

consagrando la vida,

y sosteniendo la mágica cordura

tras el místico silencio nocturnal.

Adiós a la sangre, sudor y lágrimas

que ya finalizan en un proyecto

de duradera y fervorosa felicidad.

-Acerca de las flotantes nieblas-

Esa concentración nubosa

me llena de melancolía,

y me siento sombra sin libertad.

Al quebrar el paisaje nativo,

mi espíritu presiente

que su humana raíz se deshumaniza,

que hallo insufrible en mi fondo

un pesimismo radical.

Pero mi rigor intelectual

me impulsa, cual sacro monolito,

fortaleciendo mis angustiadas entrañas,

y, como un Quijote de brillantes facciones,

alzo mi luz y cabalgan mis versos

hacia la hermosura de un día triunfal.

-Acerca del orbitar y el rotar-

Colosal es el firmamento,

varia su función estelar,

yo sueño en este momento

con su cometido ejemplar.

Caen los blancos copos de nieve

y el suelo es nívea blancura,

en mi interior ya se remueve

aquella temible negrura.

-1-

Profundidad acuosa

en su inmensa extensión,

con variadas corrientes

en su perdurable seno,

y lisa su superficie,

cuando no es azotada

por la brusca tempestad,

de azulada ilusión óptica

donde se trasluce el cielo.

El mar, la mar,

memoria de génesis ideal,

como de vital presencia

en su ondulante oleaje,

siempre despierta

y sin funestos desvaríos.

¡Oh, mar de imponentes principios,

generadora de flora y fauna abisal,

seno de perfecto sentido

y de expansiva benevolencia,

cumplidora y protectora

de la siempre humana

y excelsa visión existencial!

Fecunda mar:

cuando serenas mi mirada

y eres seno de generosidad,

¿cómo decir de ti

que eres adusta e insensible,

o carente de afable expansión,

siendo tu inmensidad

de absoluta integridad?

Modélico es tu temple,

esclarecida tu disposición,

y primordial tu vastedad,

pues no hay en ti

egoísmo ni confusión.

Mis ojos, desde tu orilla,

escrutan tu pureza,

el ondular de tu viveza,

y cómo las embarcaciones

surcan tu marino sueño,

siempre fluido y generador

de divinales versos.

Eres, cómo no,

signo de vital pujanza,

forma eternal de madurez,

nunca negra mar,

ni apagado cristal

en tu genuina condición.

El vasto cielo te inspira

y en ti se transparenta

su dimensión astral.

Mar de amoroso fondo,

brillo que brota de un sueño ancestral,

con olas que culminan

en tus gratas orillas

de límpidas arenas,

donde llega la espuma

de tu vital ansiedad.

Siempre mar de actualidad,

nunca envejecida ni pugnaz.

-2-

¡Oh, mar que refulges en mi memoria,

templo de entrañables riberas,

tus corrientes marinas semejan

generosos pensamientos de anunciación!

Tú, acuoso orden de esperanza,

con tus ondas rindes tributo

a la humana y serena confianza.

Aunque con cielos nubosos,

tu armonía -vislumbre del cielo-

no se desbarata, no cede,

ni se quiebra tu azulino fondo.

Tu ser, cómo expresarlo,

inspira a mis humanos ojos,

auténtica emoción poética,

un futuro nunca estéril

sino de perfecta abundancia.

¡Oh, mar sin cadenas,

jubiloso rumor para la tierra,

senda acuosa sin trabas,

con orillas nunca desoladas!

Somos hijos de la mar,

y de sus saladas lenguas

nacieron nuestros divinales versos.

La llanura del mar

es encanto sagrado,

pasión de lírica pureza,

luz inmemorial para la infinitud

de la siempre luminiscente alma humana.

Nunca errabunda es tu presencia,

y son tus lejanas orillas

cálido aposento de rítmico paisaje,

venerable reposo para el nauta

siempre impelido por el viento

de la estimulante y afanosa mar.

-3-

   La mar en calma,

anhelosa luz de delirante juventud,

acuosa beldad de honesta presencia,

derrame de hondo amor sin palabras,

con infinita ternura en su abrazo.

Quien naufraga en ti es porque olvidó

el violento rumor de tu oleaje

tras el sombrío signo de la tempestad.

Yo me zambullo en tus saladas aguas

besando el misterio de tu plenitud.

¡Oh, mar: grata impresión de vida,

de concierto, de esperanza,

de hondura sin igual!

Glorioso es tu corazón acuoso,

divinal tu vida profunda,

siempre renovada bajo el silencio nocturno

y alerta respecto a la inminente tempestad.

La mar y su afán:

poderoso amor a la vida,

triunfo sobre un destino desencantado,

plácida ventura de benigno acontecer.

La mar,

cuna de eterno retorno,

siembra de renovado palpitar:

yo me adhiero a tus brisas,

a tus ondas amorosas,

a tu abrazo arrullador.

-4-

¿De quién es origen la mar?

¿Acaso de un horizonte del más allá?

La mar nos vincula orgánicamente,

pues la rotura de su armonía

rompe nuestro fiel discurso,

nuestro profundo sentir terrenal.

Celeste es el corazón del mar,

espumosa su fecunda oscilación,

cuna de la latente humanidad.

La tragedia de la mar

significaría nuestro final,

la calamitosa nada terrenal.

¡Oh mar de vívidos horizontes,

con barcos que te surcan

cuando estás en calma o eres brava!

Los ojos que no te ven,

son corazón que no te siente;

y todos los sensatos

queremos ver a la mar oscilar.

Mi pensamiento es cual océano

de perdurables esencias,

siempre fluyente

y despejando sombras,

buscando con ahínco

la presencia de un estado

vinculado a lo celestial.

¡Oh, mar de claridad espiritual,

acuoso libro de amoroso aliento,

en tus orillas se adormilan

lejanas y sublimes perspectivas,

y se difunde un candor de extremo encanto!

Mar de esencias,

mar de transparencias,

mar de indisoluble unidad

y es en uno de tus bordes,

acantilados de mármol,

donde las espumosas aguas

difunden su identidad.

La mar, ni tampoco la humanidad,

han de hundirse súbitamente en la nada,

porque ambas susurran a los cuatro vientos

su sed de infinita esperanza.

Cuando se perciba dolor en la mar

se advertirá un dolor en el humano mundo,

y si el ser mortal no reinventa la vida

perderá su puñadito de resoluta verdad.

Gaviotas de tupido plumaje,

blanco y ceniciento,

dan amplios giros sobre la costa,

a la caza de peces que asomen

sobre la superficie de la mar,

y también perciben los visos marinos,

como los numerosos matices luminosos

que generan el cabrilleo de las olas

al romper en la rocosa costa.

Mar de abundancia,

mar de verdad y belleza,

asombrosa mar espectacular,

mar bañada de una luz

que es alegría y signo vital,

cristal profundo y de insondable fondo,

en el que se regocija todo amanecer.

Lejos del asfalto,

y de los vistosos rascacielos,

yace la mar plena,

esa mar sin picos ni máscaras,

una mar que es fiel memoria

y dichosa exaltación de la vida.

La mar es genésica

en su matriz abisal,

plácida la lisura de su superficie

y, como beso de luz,

su dulce soplo de eternidad.

-6-

La tierna mar de mis alientos,

superficie de mi ilusión,

visión de plácidos momentos

y esencia de fiel condición.

Sé que ella hiere mis nadas,

esas vanas trivialidades

que, entre las breves bocanadas,

son vanidad de vanidades.

-Sobre los ríos-

-1-

¡Oh, corriente de agua continua

que caudalosa muere en la mar:

sois la sustancia liquida necesaria

para nuestro inescrutable deambular!

Asomándome al seno cristalino

se descubren mis frontales rasgos,

ya sean de vigor o de gracejo,

sin olvidar el niño humorístico

que oculto subyace en mi ánimo.

Siempre la libertad interior del río

busca su anhelada finalidad:

su unión indeclinable con la mar.

Pero yo, con osado anhelo,

busco encantadoras náyades

que luzcan sus hermosos cuerpos

en las aguas cristalinas,

y agiten sus preciosas melenas

sin rubor, formales y emocionadas.

Porque, de no existir las ninfas de los ríos,

¿cómo dulcificar la anhelosa mirada

con solo las espadas de los juncos?

El sinuoso discurrir del río,

cómo aparta del polvo mi mirada,

y, si su corriente cruza un bosque,

nada hay más atractivo que su estampa.

La fuerza del río, su clara visión,

es ser peregrino hacia la marina morada,

donde sus dulces aguas se unen a las saladas.

Una suave luz relumbra en sus aguas,

moviente cristal de frenesí,

rítmica dulzura de corriente animada.

Bajo el cielo azul, su rumor,

su reidora prestancia

es motivo que se me antoja etéreo,

no frívolo, sino de sutil gravedad,

porque el río lúcido se expresa

mientras fluyen sus versadas aguas.

Tu mágica fuerza de río

mis insulsas naderías desbarata,

porque mantienes conmigo

una firme e ingeniosa alianza.

A tu vera se encienden

mis interiores farolillos,

y me siento como pez en tus aguas,

cristal de mi corazón,

esencia pura de tus aguas.

Tu inmutable curso

mantiene conmigo una ley de amor,

una alada sonrisa divinal,

una alianza que colma mi alma.

A ti, río de triunfante frescura,

entrego mi fidelísima lealtad,

la dulce aurora de mis solemnes acordes,

el espíritu de mi sueño divinal.

-4-

Cuando observo tu sinuosa serenidad,

nace en mí una fantástica primavera,

el destello luminoso de un más allá,

y me siento flor de un jardín intemporal.

Tu profundidad es de fuego interior,

de impulso hacia memorable destino,

de olímpico esfuerzo hacia un marino final.

Y cuando recorres sombríos desfiladeros,

bajo la inmensa marea celeste,

siento el brillo de tu prodigio,

la epopeya de tu inmenso amor

a la naciente y expansiva humanidad.

Río de mi infancia,

río de mis soledades:

tu dulce susurro consolador

dora mis turbulentos días

e ilumina mis oscurecidos rincones.

¡Sí, eso es, cómo expresar

que el sinuoso río

grácilmente desemboca

en un dichoso mar natal!

-5-

¡Oh río que animas mi ingenio,

acuosa lengua de infinitos matices,

de innumerables visos de verdad!

Bajo las noches de plenilunio

eres cual fúlgido sueño alentador,

canción de paz en cristalinas aguas,

y alborozo para los caminos floridos.

Cuando sobre ti se instala el cejo,

no cejas en tu épico empeño

de alcanzar la orilla del mar,

pues todo en ti se aviva

en tu designio primordial.

Yo quisiera ser río,

lúcido cristal fluyente

hacia el luminoso corazón de la mar.

A menudo bebo de tus aguas,

a ti me inclino con infantil gracia,

y despacio me afino en tu verso,

que es como lírico sentir,

un fluir que va contracorriente,

contra la vanidad desparramada,

contra la ostentación y opulencia indecente.

Ser río, cómo no,

es ligarse a honduras insondables,

al suave bamboleo tras el paso

del apacible céfiro irisado

y promover delirios líricos,

o fervores en cánticos enamorados.

Ningún río es mudo ni ciego,

nada obstaculiza su fluir hacia la mar,

hacia ese final de feliz existencia,

sin tener jamás que recular.

¿Por qué será

que siempre que te observo

me transmites plenitud y paz?

Admiro tu cristalina alma,

así como tu lengua nocturnal.

Yo soy un temblor un tus orillas,

hay en mí un fondo de oleaje interior,

una ansiedad deslumbrada

por tu sinuosa y anhelante imagen

siempre en busca de su paradisíaco ocaso.

Incluso lejos de ti

escucho tu sonoro discurrir,

tu sonora alianza con el fundamento

de una existencia efímera, pero total.

¡Oh, río de sagrado soplo,

cristalino fondo espiritual,

esfuerzo de plenitud vivificante,

impulso hacia la marina veracidad!

-6-

Me inspiras serenidad

en las noches y en los días

borrando torpes porfías

y ampliando mi libertad.

En mí pusiste tu aliento,

la dulce sonoridad

y la preclara equidad

de tu viril fundamento.

-Sobre las montañas-

-1-

Quien se retira

a una choza en la montaña

también siente

el rumor de la montaña.

Tan cerca del cielo

los ensueños son misteriosos,

místicos para quienes gozan

de la celestial orilla.

En ella se dice que se oyen

ignotos vientos amantes,

conciliadores con la visión de eternidad.

También se dice

que quien madura en la montaña

no conocerá amarguras ni desengaños,

porque huyó del estéril polvo

y se acercó más a la aurora.

En la montaña,

siente uno el titilar

muy cercano,

una lírica sideral

compuesta de dulces sones.

Las aves migratorias

en bandadas cruzan

de un punto cardinal a otro,

difundiendo cantos en su migrar.

El fresco manantial de la montaña

nos seduce con su sensibilidad

para los nativos y vivaces peces.

¿Cómo descansar cerca del cielo,

sino en la agreste montaña?

Aleteos, cigarras y hormigas,

que en armonía ordenan sus destinos,

ahondan mi visión de la vida

e impresionan mi sensación de paz,

ese sentir profundo emocionado de vida.

-2-

   La montaña,

cuando coronada de nubes,

suspende mis sentidos,

se desvanecen sus formas,

turba mi humano equilibrio

y deja de ser eminencia

que concilie mi reposo.

Ya parece templo cerrado

a la contemplación

del profundo cielo.

Envuelta por las nubes

pierde su lozanía,

y ya no es estampa

emergente hacia el éter,

ni ventana hacia renovada visión

y ritmo de renaciente mundo.

El canto en la montaña

es un canto lucífero,

de un arborecer sin mortaja,

de vínculo con el azulino cielo.

Desde las encinas y peñascos

surgen los espíritus de la montaña,

con sus fantasmales presencias,

transmitiendo efímero mensaje,

que estrofas son de azul transparente.

Ligera ha de permanecer el alma

en la indómita dimensión

de la luminosa cumbre de la montaña.

Cuando los aires son silenciosos

y la suprema calma me imprime majestad,

me siento hijo de la montaña,

de fecunda gracia y serena paz.

Es la montaña,

por encima del bosque,

claridad de verde

y azulina estancia,

orden de puro goce

hacia la bondad celeste.

Todo es huidizo,

salvo la contemplación

del inmenso cielo abierto

desde la cima de la montaña.

Soñar en la montaña

es como bailar en el éter,

entonando un murmullo

de sencillos y divinales aires.

¿Qué hay por encima del llano,

sino la elevada,

la altisonante montaña,

la gloriosa gesta que alborea

en un alentador renacer

junto al edificante cielo?

Más próxima se siente la eternidad

en la misteriosa montaña,

que es vía hacia la grandeza

de un discurrir de amor universal.

Cima de perfumes y de dulce paz,

prominencia que nos aleja

del azaroso y desechado abismo,

es la gloriosa elevación de la montaña,

tan alejada de encrucijadas,

y siendo su aliento de inagotable esperanza.

Ella inspira, con sus acordes,

ennoblecida perseverancia y gracia,

y un canto celestial, que es bendición

para un memorable destino humano.

A la montaña me integro

con total coherencia,

y de sus copiosos bienes

en mi choza gozo con soltura.

-4-

Me animan en la montaña

vuelos emprendedores

y gozo bajo la plenitud

y el brillo de su cielo;

en ella mi imaginación asciende

hacia un celestial mundo de verdad,

de hermosura y gracia.

Yo no sé por qué

bendice mis floridos sueños,

mi búsqueda de almos sentires,

las fuentes de amor

que son farol de espléndida existencia.

Su aire y su luz limpian de mí

todo lo que hay de polvoriento,

de desapacible y vano,

y sus mágicos acordes

renuevan mi fervor

y algo inefable cunde en mi espíritu.

Morar en la montaña

es revestirse de fuerzas celestiales,

adormecerse bajo delicada luz

y sentir el tenue estímulo de las flores.

No me inquietan los nubarrones,

pues venero su perfilen soledad,

su respeto a la humana huella,

su silente y continuo madurar.

Esplendorosa cumbre

acercándose al cielo estrellado;

cómo negar que trata de besar

a la bóveda celeste

en su ascenso terrenal.

Pero, ¿qué mensaje recibirá del cielo

con calmo y amoroso aliento?

Las nubes plateadas

y el vasto éter la bendicen,

porque 'montaña' es elevación,

ineludible unión con el firmamento.

Desde la maternal montaña

extiendo los brazos a las benditas orillas

que avivan mi sensitiva mente

con sus fondos de exuberancia;

súbitamente sonrío,

me vinculo al cerebro universal

y siento la plenitud del ser inmortal.

¡Oh, soplo de impulso vital,

amor que todo lo ilumina y anima,

brote que vibra en su seno infinito!

En ignoradas regiones de mi alma

has sembrado místico acento y cordura,

y mi voz difundirá los visos

de un renovado y generoso futuro.

En la alta montaña

contengo unos instantes el aliento

al contemplar la bóveda del cielo:

inmenso domo que infunde felicidad.

Desde el rumoroso éter

son las Musas quienes colorean,

cuando es indispensable,

mi palidez mortal.

Mis rígidos labios,

a veces, presienten un horror

de origen no terrenal.

Me hallo por encima

de las olas de los mares,

por encima de las vagas lejanías,

por encima del mundanal ruido.

Un florido pensil

evita que piense en lo desértico

y en los males de este mundo.

La montaña,

siempre en busca del cielo,

se renueva constantemente,

se conmueve con la caricia del sol,

y sus riscos y picachos

son cumbre de cosmovisión.

Cuando trepo y alcanzo la cresta

es como si dejara atrás lo corporal

y fuese sólo el vigoroso espíritu

el triunfador en la soñadora ascensión.

Y suspiro alocado en su plenitud,

en su sutil movilidad,

en su placidez en contacto con el cielo.

Entonces,

mi espíritu se hace montaña,

y un universo poético

se alza esplendoroso

desde mis entrañas.

Mi alma siente el verde halago

del quehacer del macizo,

de sus cornisas, de sus cuevas,

de sus rumorosas fuentes,

de su fiel, sabio y señorial reposo.

Desde la cumbre del monte hasta sus faldas,

un misterioso latido cunde en mi alma.

-6-

Desde la esperanzada cumbre

siento el regreso de mi infancia,

sin zozobra ni pesadumbre

viene a mi choza la fragancia.

Bajo la bóveda azulada

las brisas alegran mi estancia,

y en la exquisita noche amada

entono cantos de elegancia.

-Sobre el Espíritu-

-1-

Lo espiritual es ilimitado

y no existe tan amplia región

donde el inequívoco sentido

cobre bienaventurado ánimo.

Su temple es celestial,

de confraternidad,

de una armonía universal.

Sólo es posible la regeneración

sin el uso de la fuerza bruta,

de la rabiosa imposición

plena de impulsos marciales.

El noble espíritu siempre recorre

un sendero humano y vital,

siendo su temple reacio

a la presentación de espadas

o suasorias banderas.

Tras acaloradas discusiones

sólo la visión de gloriosa armonía,

ese intelecto bienaventurado,

es capaz de conformar

un final ajeno a lo fatal.

El fulgor de lo espiritual

es cual sol de alegría,

de bendita esperanza,

de regocijante y calmo sendero.

En las disposiciones espirituales

nunca hay vencedores ni vencidos,

sólo una estela de juiciosa

y bienaventurada voluntad.

Ajeno a los trágicos tonos,

el discurrir espiritual semeja

un hospitalario resplandor,

una claridad vivificante,

un consuelo de solidaridad.

La visión espiritual

jamás causa desconcierto,

animadversión o rivalidad,

porque su ánimo es de concordia,

conciliador en un cielo vital.

¿Cómo no percatarse de la generosidad,

de la pura esencialidad

que despierta el inconfundible

signo tan benéfico como espiritual?

El amor, el aire y la luz

se funden con la visión espiritual,

evocando en todos los presentes

una primordial sensibilidad,

un intelecto que siempre es siembra

de un amor divinal.

-2-

Mi espíritu recorre

ignotas dimensiones,

escenarios de misteriosa condición,

amaneceres y crepúsculos

donde se adormece mi contemplación.

Hay en mi espíritu un vínculo,

una correspondencia con el todo,

un cósmico sentir de fondo celestial.

Él nunca se yergue solitario,

pues todas sus orillas rememoran

la alma región luciente.

Mis pensamientos quizá sean extraños

en un mero y humano contexto;

pero se ha de volar más allá,

con confianza en la experiencia,

con el hallazgo de novedosas significaciones,

con un núcleo que restaura lo original.

Lo espiritual se halla inscrito

en un universo de luminosidad,

siendo perpetuo calor y gracia,

modélica vibración de eternidad,

y etérea alegría universal.

Exento de subterfugios,

el sendero espiritual

siempre es visión de hermandad,

de absoluta entrega a la armonía universal.

Sólo quien escoge la maldad y la fatalidad

ha roto con el alma de los valores armoniosos;

entones, su espíritu, perdida toda virtud,

queda reducido a la desunión y destemplanza.

-3-

¿Por qué será que lo espiritual

siempre se halla por encima

de la mera y vana apariencia?

Sorprende su luz

y su visión de eternidad,

cuando nos inflama

con sus etérea orillas

y su encendida armonía.

¿Por qué esa fuerza

-digamos metafísica-

alcanza lo suprasensible?

Lo espiritual no tiene fronteras,

y fluye por inmemoriales constelaciones

que renuevan el océano de la vida

y del humano y vigoroso sentir.

Lo espiritual es un lucero

que puede predominar

en nuestros encendidos adentros.

Sí, no cabe duda,

que tal expresión

ha sido un digno elogio

para la esencia de lo espiritual.

¡Oh, encantadora cercanía

de tan distantes lejanías!

La espiritual luz

siempre me rejuvenece,

convirtiéndome en discreta lumbre

de un global y almo cielo.

¡Oh, espíritu atemporal,

dulcísimo aliento,

estela significante de lo esencial!

   Él, siempre dispuesto,

aparta mis tinieblas,

y, desde su elevada cumbre,

me impulsa al divinal origen,

al cabal sentido de todo.

Estoy vivo y mi reflexión

ha de encauzarse en el ámbito

de lo luminoso y espiritual.

¿Qué puede sostener mi humana esperanza

sino el rayo de luz de toda visión espiritual?

Hay que vitar hundirse en lo vacuo,

en la pugna y en el odio,

en el combate agresivo y descorazonador.

El espíritu divinal nunca olvida

la celestial imagen que impera

en un cosmos armonioso y unificador.

La dulzura es mejor que la maldad,

pues dora nuestros rostros

en cualquier elevado mirador.

Espíritu puro y ardiente

que jamás declina

ante lo discordante y disociador.

Hacia un mundo floreciente

tiendo mi espiritual visión,

sabiendo que todo es proteico

en el mundanal ruido.

Pero ningún soplo es solemne,

aunque nazca de corazón,

si no es de índole espiritual,

y con la madurez

de un luminoso intelecto.

Dulce misterio sensual

y áureo fulgor ideal

es el rastro de lo espiritual.

-5-

¿Para qué nuestro existir

sino para iluminar amorosamente

nuestra estancia en un mundo

ensombrecido por lo dispar?

La dignidad que surge

del umbral espiritual,

es luz de venturoso futuro,

de un bendito porvenir,

de un mundo hermanado

por la visión omnipotente

de su sabia conformidad.

Tú eres la fuerza motriz de mi alma,

el inextinguible impulso anímico y vital,

¡oh, espíritu que colmas

de pleno sentido mi consciencia:

a tu esfera espiritual todo mi ser se vincula!

Hombre espiritual,

religioso o laico,

pero hombre que busca la luz

con su venerable intelecto;

para ese hombre compongo estos versos.

Florece la dignidad

desde mi humilde inteligencia

y me siento lleno de esperanza,

mirando las alturas con reverencia.

Felices días

embriagan mis sentidos

en mi choza dorada,

 y mi espíritu

en deliciosos atardeceres

renueva cantares de esperanza,

movido por celeste ascensión

bajo la engendradora luz del sol.

Yo vivo de esa luz solar

en aladas e inagotables horas,

sintiendo la dichosa presencia

de una imagen clara,

pura y venerable,

que mis anhelos ensalza:

es la imagen de la pureza infinita,

de un humano quehacer

en un ámbito de blancura.

Sí, las sonoras y lejanas orillas

aportan desde sus confines

delirios de celestiales melodías,

y una vibración que ennoblece la vida.

-6-

No hay caos ni confusión

en la montaña armoniosa,

natural y silenciosa

despierta mi corazón.

En el ámbito espiritual

sólo suenan himnos de paz,

se capta un carro triunfal

que deja rodera veraz.

Badalona a 1 de Mayo de 2022

*   *   * F I N *   *   *

www.ingramcontent.com/pod-product-compliance
Lightning Source LLC
Chambersburg PA
CBHW070222260726
48658CB00006BA/2138